AF745862

सफ़ेद

ज़ख्म और जिंदगी

Riya Sharma

BookLeaf Publishing
India | USA | UK

Made with ❤ on the BookLeaf Publishing Platform
www.bookleafpub.in
www.bookleafpub.com

Dedication

यह पुस्तक मैं समर्पित करती हूँ
खुद को, क्योंकि मैंने हर रंग को जिया है।
कभी ख़ुशी के पीले उजाले में, कभी उदासी के नीले सन्नाटे में, और कभी असफलता की धूसर छाया में, मैं हर रंग का रूप बन गई। मैंने सीखा कि "सफ़ेद" किसी एक रंग का नाम नहीं, बल्कि हर उस एहसास का संगम है जिसे हम भीतर जीते हैं।
मैं अभी भी जीना सीख रही हूँ, यह समझने की कोशिश में हूँ कि जीना सिर्फ़ साँस लेना नहीं, बल्कि हर अनुभव को महसूस करना है, और ये कविताएँ मेरे उन्हीं अनुभवों की गवाही हैं। वो विचार, वो बेचैनियाँ, वो भावनाएँ
जिन्हें मैं अक्सर अपने भीतर दबा लेती थी।

यह पुस्तक मेरी माँ के बिना पूरी नहीं होती,
वो जो हर बार मेरी बातें, मेरी थकान और मेरी झुंझलाहट को धैर्य से सुनती रहीं, उन्होंने सिर्फ़ सुना नहीं, बल्कि मेरी यात्रा का हिस्सा बन गईं बिना किसी शर्त और अपेक्षा के।

मैं अपनी प्रिय मित्र बिथिका को भी यह पुस्तक समर्पित करती हूँ, जिसने मेरी कविताओं को एक घर देने का विश्वास दिया। उसने ही मुझे मेरा नाम "नीर" दिया क्योंकि उसकी नज़र में मैं जल की तरह हूं, जो हर रंग को अपनाती है और फिर भी अपनी पारदर्शिता नहीं खोती। उसकी संवेदनशीलता और विश्वास ने इस यात्रा को और अर्थपूर्ण बना दिया।

और अंत में - यह पुस्तक महादेव के चरणों में,
जिनकी कृपा और उपस्थिति ने मुझे हर अंधेरे में थामे रखा।
अगर मैं आज लिख पा रही हूँ, साँस ले पा रही हूँ,
तो सिर्फ़ उन्हीं की वजह से।
उनकी मौन उपस्थिति ने मुझे यह सिखाया
कि कुछ भी असंभव नहीं होता,
बस विश्वास ज़िंदा रहना चाहिए।

Preface

सफ़ेद कोई रंग नहीं, यह उन सभी रंगों की कहानी है
जो दिखाई नहीं देते। यह पुस्तक, सफ़ेद, उन एहसासों का संग्रह है जो
शब्दों में नहीं कहे जा सके पर चुपचाप भीतर गूँजते रहे,
हर कविता किसी एक पल, एक व्यक्ति,या एक अनदेखे दर्द से जन्मी
है, जिन्हें मैंने कोई निष्कर्ष नहीं दिया,
बस अपने भीतर की परतें खोली है, जहाँ टूटना भी सुंदर है,
और मौन भी एक भाषा है |
सफ़ेद मेरे लिए एक खाली कैनवस नहीं, बल्कि वो जगह है जहाँ हर
रंग अपने अर्थ खोकर एक हो जाता है,
यह किताब मेरे भीतर के सन्नाटे की आवाज़ है, धीमी, पर सच्ची।

Acknowledgements

समर्पित है
सफ़ेद रंग को जो अपने आप में अधूरा भी और पूरा भी है।

1. क्या?

ज़िंदगी भी कभी जी जाती है क्या?
ख़्वाहिशें भी कभी हकीक़त बन पाती है क्या?

ये लोग जो चलते हैं साया बनकर,
इनसे भी कभी नफ़रत की जाती है क्या?

जो कहतें हैं सबकुछ अच्छा होगा यकीन रखो,
उनकी नज़र मेरे डर को भी देख पाती हैं क्या ?

क्यूँ ना कहूँ की मुझको अब ऐतबार नहीं खुद पर,
सब की तसल्ली मुझको भी तसल्ली दे जाती है क्या?

मैं मानती हूँ कि सब्र नहीं है मुझ में लेकिन,
मेरी तरह इन सबको भी नींद नहीं आती है क्या?

2. क्यूं?

क्यूँ होता है मुश्किल भाग जाना ख़ुद से,
क्यूँ होता है मुश्किल हकीक़त छुपाना ख़ुद से,

क्यूँ ख़ुद को ही ख़ुद से मिलाने से डरती हूँ मैं,
हाँ बहुत अजीब हूँ,

बस ख़ुद पर ही बिगड़ती हूँ मैं,
तन्हाई पसंद है मुझको,

पर ख़ालीपन नहीं,
अपनें ही वजूद से हर रोज़ झगड़ पड़ती हूँ मैं,

कहने को तो सबमें शामिल हूँ,
फिर भी जिदंगी की राह में,
अकेले ही निकल पड़ती हूँ मैं।

3. कैसे !

कैसे हर तस्वीर में मुस्कुरा लेती है,
जाने कैसे अपने रंजो-गम छुपा रही है वो,

पूछता है उसकी खुशी का राज़ कोइ,
तो कईं बहाने बना रही है वो,

खुद से बेहद नाराज़ रहती है,
पर ओरों को बहुत पसंद आ रही है वो,

खुद जिंदगी से निराश है लेकिन,
आशाओं के दीप जला रही है वो,

अपने आप से बहुत सी शिकायतें है उसे,
लेकिन किसी ओर को नहीं दिखा रही है वो,

रोती है तो आँसू बाहर नहीं आने देती,
सिर्फ अपनी खुशी ही दिखा रही है वो,

हर तस्वीर में मुस्कुरा लेती है,
जाने कैसे अपने रंजो-गम छुपा रही है वो ।

4. वर्चस्व

मुझसे पूछता है वर्चस्व मेरा,
क्यूँ मैंने इतना सताया ख़ुद को,

आखों में जो पल रहे थे आँसू,
क्यूँ मैंने पलकों पर सजाया उनको,

जो घड़ी थी हाथों में बंधी,
सही वक्त क्यूँ नहीं बताया उसको,

लोगों ने बहुत किया इस्तेमाल मुझे,
क्यूँ मैंनें आयना नहीं दिखाया उनको,

रोती रही बिलखती रही ख़ुद ही में,
क्यूँ अपना दर्द नहीं बताया उसको,

सोचती हूँ जो इश्क़ सता रहा था मुझे,
क्यूँ मैंने सबक नहीं सिखाया उसको,

दर्द दिया था जिसने मुझे कभी,
क्यूँ इतना क़रीब मैंने बिठाया उसको,

दिल का भड़कता तूफ़ान पूछता रहा,
मैंनें फ़िर से क्यूँ गले लगाया उसको ।

5. शरीर

एक ख़्वाहिश है,
जो हकीक़त के आगे पलकें बीछा कर बैठी है,

एक ख्वाब है,
जो अपनी आखिरी सांसे गिन रहा है आजकल,

एक दिल है,
जो धड़कनों से चूका रहा है कर्ज जिदंगी का,

एक रूह है,
जो ना चाहकर भी जी रही है अपनों के लिए,

एक शरीर है,
जो ना हो कर भी खोज रहा है अस्तित्व अपना,

और एक मस्तिष्क है,
जो भरा पड़ा है सन्नाटों से,

कुछ ऊंगलियां और दो आंखे भी है,
जिन्होंने तिरस्कार के आंसुओं को
देखा और महसूस किया है ।

6. इंतज़ार

जो अंत से अनंत की दूरी तय करता है,
इस जिस्म से निकल कर,
फिजाओ में बेखौफ़ दौड़ता है,
झूमता है,
मचलता है,
दुनिया से बेखबर,
दवाओं से बेअसर,
ये मर्ज-ए-इश्क़ को सहलाता है,
ना दिन देखता ना रात समझता है,
बेधूंध सा बस बहकता चला जाता है,
छुपता फिरता हकीक़त से,
कल्पनाओं में डूबता चला जाता है,
आँखों में बेबसी,
दिल में दर्द जुदाई का,
ये कम्बख्त बर्दाश्त किए जाता है ।

7. खालीपन!

पत्तों के रहते हुए भी,
जो टहनियां महसूस करती है,

वही तो है खालीपन,
हुजूम में होकर भी,

जो कम़ी रूह महसूस करती है,
वही तो है खालीपन,

क्या तुम्हें भी लगता है खुश,
वो जो सावन गरज कर बरसता है,

हकीक़त तो ये है कि,
वो उस वक़्त बिलख कर ही बिखरता है,

ये चाँद की बनावट गोल क्यूँ है जानते हो?
एक चक्रव्यूह है उसके अंदर,

जो ना किसी को दिखता है,
और ना ही कोई समझता है ।

8. रात

रात भी बहुत ख़ामोश रहती है,
शायद चाँद से रूठी हुई है,

दिल की खिड़की भी बंद ही रहती है आजकल,
शायद धड़कनो से कुछ नाराज़गी है,

हवा का झोंका भी तो नहीं आता अब,
शायद साँसों ने मना किया है,

ये क़लम भी पन्नों से दूर बैठी है,
शायद लफ्ज़ नहीं सुन रहें हैं,

खुशियाँ भी दस्तक नहीं दे रही कुछ दिनों से,
शायद उसने भी अपना ठिकाना बदल लिया है,

रूह भी अब सफेद रंग ठापे हुए फिरती है,
शायद उसकी अब रंगों से अनबन है ।

9. नींद

नींद एक सफ़र है,
जिसे तय करने के लिए,
हर दुविधा,
हर तकलीफ़
और हर चिंता के परे जाना पढ़ता है,
बहुत ही नाज़ुक और मासूम होता है ये सफ़र,
ज़रा से शोर से थम जाता है,
बिखर जाता है,
लेकिन एक खासियत भी है इस सफ़र की,
ये हमें हकीक़त की दुनिया से कोसो दूर,
एक ऐसे के शहर में ले जाता है,
जहाँ सही और गलत का कोई दायरा नहीं होता,
यहाँ सबकुछ सभंव हो सकता है,
थोड़े ही वक्त के लिए लेकिन,
बहुत सुकून मिलता है यहाँ,
हाँ कभी-कभी डर भी लगता है,
उन ख़्वाबों से जो अक्सर,
झंझोड़ कर जगा दिया करतें हैं,
लेकिन ख़्वाब तो ख़्वाब होतें है,
ये कहाँ अच्छे-बूरे का दायरा समझते हैं ।

10. चाँद

ये चाँद है या है शह-सवार कोई,
जो तारों की बारात साथ में लाया है,

ये कौन है जो बढ़ रहा है मेरी तरफ़,
जो आँखों में मेरी खुशी भरकर लाया है,

है क्यूँ इसका चहरा इतना खिला हुआ,
ये क्या अंधेरों से रोशनी छीनकर लाया है,

क्यूँ कर रहा है ये दिल अपना नाम मेरे,
ये क्या मुझे अपनी तकदीर बना कर लाया है ।

11. सफ़र

ये सफर कैसा है ?
तितलियों के सफ़र जैसा है

दिन-रात मचलता है,
हर फूल पर फिसलता है,

सुर्ख रंग में डूबा हुआ,
आसमां से भीगा हुआ,

ये रास्ता कैसा है?
मंजिल के क़रीब जैसा है,

खुशबू जैसे शरबती,
खुशीयाँ जैसे मखमली,

ये ख़ामोश सितारा कैसा है,
मदहोश चाँद के जैसा है।

12. दिल

तुझे छोड़कर जाएं क्यूँ,
हम नुस्खा ये आजमाए क्यूँ,

हमें यकीन है अपनी मुहब्बत पर,
फिर तुझपर शक़ जताएं क्यूँ,

तुझे लगता है हम में ओरों सी बात नहीं,
गर ऐसा है तो हम तुझे समझाए क्यूँ

तेरे लिये होगा इश्क़ खेल कोई,
हम अपना दिल मैदान में लाएं क्यूँ।

13. दिमाग़

मैं एक लिबास में ढली हुई,
कईं किरदारों का स्वरूप हूँ,

मुझमें मुझसे ज्यादा ये किरदार जिया करते हैं,
कभी हँसते है, कभी बिलखते हैं तो कभी ख़ामोश बैठें रहतें हैं,

इंतज़ार इनका पेशा है,
और तन्हाई इनकी तनख्वाह,

ये रोज़ घर से निकलते हैं साथी की तलाश में,
लेकिन लौट आतें है मायूसी का हाथ थामकर,

इनकी अपनी एक अलग दुनिया है,
जहाँ दिल की काम दिमाग़,

और दिमाग़ का काम दिल किया करता है,
इनके हाथों से चूडियों की खनक की नहीं,

घड़ी की सुईयों की आवाज़ आती है,
ये मुस्कुराती है तो लगता है,
ज़िंदगी का क़र्ज़ चूकती है ।

14. इजाज़त

तूझे लिखूं,
तेरे जज़्बात लिखूं,
तू जो इजाज़त दे तो मैं,
हमारे इश्क़ की शुरुआत लिखूं,
तेरी बातें लिखूं,
तेरे हालात लिखूं,
तू क्यों है इतना दूर मुझसे,
दिल तो करता है,
तुझे अपने पास लिखूं,
तुझे अपना समझतीं हूँ,
इसीलिये तुझे लिखना चाहती हूँ ,
तू भी अपना कह दे,
तो मैं भी अपने जज़्बात लिखूं,
वक्त तो अब लम्हों में बट गया है,
तू जो इजहार करे,
तो मैं हमारे अपने लम्हात लिखूं,
तू जो इजाज़त दे तो मैं,
हमारे भी इश्क की शुरुआत लिखूं,
तुझे लिखूं,
ख़ुद को लिखूं,
और दिल के हालात लिखूं,
तू जो इजाज़त दे तो मैं,
हमारे इश्क़ की शुरुआत लिखूं ।

15. इश्क़

शायद चाँद आज भी उनकी छत पर आया होगा,
जिसे देखकर उनका भी दिल डगमगाया होगा,

बात फ़कत दर्द ही की नहीं,
खुशी का हर लम्हा भी आंखों में उतर आया होगा,

वो जो नजरअंदाज करके निकलते हैं आजकल,
हमारी सादगी पर कभी तो उनका दिल आया होगा,

लाख़ बहाने बना ले अब वो चाहें,
पर इश्क़ हमारा याद तो उन्हें आया होगा,

वो कहतें हैं वो बहुत दूर हो गए हैं हमसे,
पर ख़ुदा जानता है,
उनका ये मासूम दिल,
हमसे ना अलग रह पाया होगा।

16. तुम

तुम हकीक़त हो ? या हो अधूरा ख़्वाब मेरा,
तु यकीन हो या हो मरता हुआ विश्वास मेरा,

क्यूँ तुम जाने लगे हो अब दूर मुझसे,
तुम मुहब्बत हो या हो रूठा हुआ अंदाज मेरा,

तुम राहत हो ? या हो तूफ़ान कोई,
क्यूँ छीन रहे हो मुझसे ये हिजाब मेरा,

किये थे कभी मुझसे भी कईं वादे तुमने,
क्यूँ मिटा रहे हो अब दिल से अपने नाम मेरा ।

17. सवाल

कौन हूँ मैं क्या मैं ख़ुद को जानती हूँ?
ओरों की तरह क्या मैं भी खुद को पहचानती हूँ?

हाथों में जो लकीरें हैं वो मेरी ही है क्या?
लबों पर जो हँसी है वो मेरी ही है क्या ?

मेरी जो तन्हाई है वो मेरी ही है क्या?
मेरी जो परछाई है वो मेरी ही है क्या?

मैं ही रात भर सोती नहीं क्या?
मैं ही दुःख में अब रोती नहीं क्या?

ये ख़्वाब मेरे ही हैं क्या?
ये लोग मेरे ही हैं क्या?

18. जवाब

क्या जानते हो तुम मेरे बारें में
मैं तो जो हूँ वो मैं हूँ ही नहीं

मुझमें में भी है ख़ामोश शहर बहुत से,
जो गली मैं तुम्हें लगती हूँ वो मैं हूँ ही नहीं,

मेरे पास भी हैं बातें कईं बताने को,
चुप सी जो तुम्हें लगती हूँ वो मैं हूँ ही नहीं,

मुझे भी आता है किसी का ख्याल हर रोज़,
बेहोश जो तुम्हें लगती हूँ वो मैं हूँ ही नहीं,

हँसना जानतीं हूँ मैं भी तुम भी कभी देख लेना,
मायूस जो तुम्हें लगती हूँ वो मैं हूँ ही नहीं,

नींद में ना सही पर देखती हूँ ख्वाब मैं भी,
बेरंग जो तुम्हें लगती हूँ वो मैं हूँ ही नहीं,

मेरी भी अपनी एक दुनिया है खुशहाल,
रेगिस्तान जो तुम्हें लगती हूँ वो मैं हूँ ही नहीं ।

19. कल्पना

शब्द अगर आसमां में होते,
तो क्या चाँद से बातें कर पाते,
जमीं पर तो बहुत बोलते हैं,
पर क्या अंधेरों में भी टीक पाते ?
क्या होता अगर तारे आवाज़ करते?
क्या वो इतने खुबसूरत होते ?
काश ये आँखें चाँदनी के पास भी होती,
तो शायद वो देख पाती,
की चाँद के चाहने वाले कितने हैं यहाँ,
अगर सूरज रात में निकलता,
तो क्या उसकी तपिश,
कभी जिस्मों को जला पाती ?
सोचो अगर दिल,
दिमाग़ की जगह होता तो क्या होता?
क्या वो जिदंगी के बोझ को संभाल पाता ?
अगर जीने की तमन्ना नहीं होती,
तो क्या मौत का पता चलता कभी ?
अगर पाने की हसरत ही ना होती,
तो खोने का डर होता क्या?
हाथों में अगर लकीरे ना होती,
तो किस्मत की कमी खलती क्या?
अगर मुहब्बत ही ना होती,
तो नफ़रत की जरूरत होती क्या?

अगर कुछ कमी ही ना होती,
तो ख़्वाहिशों की अहमियत होती क्या ?

20. घनघोर

ख़ामोशी पसरी है आसमान में,
ग़नी घनघोर छाया है,

चाँद तो ग़ुम हो गया है कहीं,
अब तो अंधेरों का ही साया है,

बूझ गया है अब वो दिया भी,
जिसे जलाया था कभी उजालों के लिये,

हिम्मत रखने की तो गुंजाईश ही न रही,
ज़हन में अब सिर्फ डर ही समाया है,

निकला था जो मुसाफ़िर मंजिल पाने को कभी,
वो भी लौट कर घर को आया है,

धूंधला गया था रास्ता उसका,
आकर उसने यही बतलाया है,

ख़ामोशी पसरी है आसमान में,
ग़नी घनघोर छाया है ।

21. पंक्तियां

पंक्तियाँ नहीं,
मैं अपने ज़ज्बात लिखती हूँ,

किसी की आप बीती नहीं,
मैं अपने हालात लिखती हूँ,

तर्क करना मुझे आता नहीं,
मैं तो अल्फ़ाज़ लिखती हूँ,

जिंदगी से सिर्फ बातें नहीं,
मैं तो मुलाकात लिखती हूँ,

तमन्ना रहती है खुशीयों की,
तो शब्दों में मुस्कान लिखती हूँ,

दर्द से शिकवा ही सही,
फिर भी उसे दिन-रात लिखती हूँ ,

मंजिल अपनी मैं जानती नहीं,
पर रास्ते हर बार लिखती हूँ,

हार जाऊँ चाहे जितनी बार,
पर किस्से अपने हर बार लिखती हूँ,

अनबुझी पहेलियों से गुजरती हूँ,
फिर भी नयी हर बार बुनती हूँ,

वक़्त से अन-बन है थोड़ी,
फिर भी उसकी फरियाद लिखती हूँ,

गम्भीर अंधेरा हो चाहे ज़हन में,
पर रोशनी की शुरुआत लिखती हूँ,

पंक्तियाँ नहीं,
मैं अपने ज़ज्बात लिखती हूँ ।

www.ingramcontent.com/pod-product-compliance
Lightning Source LLC
LaVergne TN
LVHW050828051026
849532LV00008B/3170